Zarafa

L'aventure extraordinaire

Adapté par Vanessa Portal
d'après *Zarafa,* un film de
Rémi Bezançon et Jean-Christophe Lie

PROLOGUE

Voici l'histoire que raconta un jour un vieux sage africain aux enfants de son village :

– Maki était un petit garçon de votre âge, et il vivait heureux parmi les siens au cœur de notre belle Afrique. Mais un jour, il fut capturé par un marchand d'esclaves...

Installés à l'ombre d'un grand baobab, les enfants écoutaient attentivement. Le vieil homme continua :

– Maki fut enchaîné avec d'autres prisonniers par Moreno et ses hommes. Après une longue marche vers le nord, l'esclavagiste donna l'ordre d'installer un campement pour la nuit. Le petit garçon se retrouva assis près d'une fillette. Elle s'appelait Soula. La pleine lune éclairait son visage et Maki aperçut des larmes couler sur ses joues. Son village avait été brûlé, tout comme celui de Maki, et personne ne pouvait les délivrer dorénavant. Qu'allaient-ils devenir ?

Ils étaient bel et bien captifs. En regardant de plus près les chaînes qui encerclaient leurs chevilles, Maki se rendit soudain compte qu'elles étaient bien trop grosses pour lui. Il réussit à dégager un pied, puis l'autre, et invita Soula à s'échapper avec lui. La fillette refusa. Elle tremblait de peur. Les gardes pouvaient se réveiller à tout moment, c'était bien trop dangereux. Maki s'élança alors seul vers la savane. Mais, dans sa course, il heurta du pied une branche de bois mort qui se cassa. Le bruit réveilla Amrok, le gros chien de garde de Moreno. L'animal bondit aussitôt à la poursuite du fugitif. En entendant les aboiements du chien à ses trousses, le petit garçon chercha autour de lui une cachette où se réfugier. Seul le sommet d'un baobab se découpait au-dessus des herbes. Il courut vers l'arbre, mais les branches étaient bien trop hautes pour qu'il puisse y grimper. Il avisa un trou dans la terre, entre les racines, et s'y engouffra. Les aboiements du chien s'éloignèrent, Maki respira.

Lorsque ses yeux commencèrent à s'habituer à l'obscurité, il constata qu'une galerie rejoignait l'intérieur du baobab, dont le tronc était creux. Par ce passage, il parvint à se hisser jusqu'à une branche et contempla, dans la lumière bleutée de la lune, le spectacle qui s'offrait à lui : la savane à perte de vue.

Le vieux sage se tourna vers le baobab contre lequel il était adossé.

– C'est sur un arbre comme celui-ci que Maki a trouvé refuge, expliqua-t-il en caressant l'écorce.

Les enfants levèrent les yeux, leur imagination les entraînait vers les hautes cimes du baobab. Le vieil homme sortit de son panier une figurine de bois représentant un petit garçon et la posa soigneusement sur le sol. Les enfants comprirent qu'il s'agissait de Maki. Le vieux sage disposa ensuite six autres figurines, une petite fille, un grand bédouin, un dromadaire, un bonhomme rondouillard avec des lunettes d'aviateur et deux vaches.

– C'est ainsi que commence la grande aventure de Maki et de ses amis. Soula, Hassan, son dromadaire Bénur, Malaterre, Mounh, Sounh... et Zarafa, ajouta-t-il en sortant de son panier une dernière figurine, une petite girafe.

CHAPITRE 1

Dans la savane

Quand Maki se réveilla, le lendemain, une grande girafe venue manger quelques feuilles de l'arbre était en train de le renifler. Surpris, le petit garçon faillit tomber de sa branche mais la girafe le rattrapa par le museau et le fit descendre le long de son cou jusque sur son dos. Sur le sol, leurs ombres se dessinaient. Maki les observa un instant :

– 1, 2, 3, 4... 5, 6, 7, 8... compta-t-il. Mais combien t'as de pattes, toi ?

En fait, un girafon était caché sous le ventre de sa mère. D'un coup de langue, il chatouilla le pied du garçon, qui éclata de rire. Entre Maki et cette toute petite girafe aux yeux si attendrissants, une amitié venait de naître.

Non loin du baobab s'étendait un lac où les animaux de la savane allaient s'abreuver. La grande girafe suivit son troupeau jusqu'à la rive, en gardant Maki sur son dos. Au moment où elle se pencha pour se désaltérer, le petit garçon, pris de court, glissa le long de son cou et tomba dans l'eau. Il s'ébroua, amusé. Le girafon le rejoignit dans le lac. Maki se redressa, remplit ses mains d'eau et lui donna à boire. Ils se retournèrent en entendant un bruit étrange derrière eux. Toutes les girafes s'écartèrent.

Au milieu des eaux, un hippopotame faisait tourbillonner sa queue comme une hélice. Le garçon et la petite girafe fixèrent l'énorme animal avec le même étonnement. D'un coup, l'hippopotame projeta sur eux une drôle de substance verdâtre. Du crottin ! Maki s'esclaffa, plongea sous l'eau pour se nettoyer, puis aspergea le girafon.

Soudain, la voix de Moreno retentit :

– Viens ici, toi ! Personne ne m'échappe !

Le marchand d'esclaves avait retrouvé sa trace. Il se tenait sur le rivage, et à ses pieds, Amrok, son chien de garde, grognait d'un air féroce. La grande girafe vint s'interposer pour protéger Maki.

– Sale bête ! Écarte-toi ! cria Moreno en braquant son pistolet sur elle.

Mais elle ne bougea pas. Furieux, il ouvrit le feu. La détonation fit fuir le troupeau. La mère du girafon s'écroula.

– Non ! gémit Maki en se précipitant auprès d'elle.

– Allez, viens maintenant ! Tu es à moi !

– Cet enfant n'est à personne.

Moreno se retourna vers celui qui venait de parler : un grand et mystérieux bédouin, dont le visage était caché par un turban bleu, descendit de son dromadaire. C'était Hassan, le seigneur du désert, un homme d'honneur qui détestait les marchands d'esclaves. Il pointa son fusil sur Moreno.

– Lâche ton arme, dit-il. Et va-t'en !

Surpris, Moreno obéit. Il laissa tomber son pistolet.

– Un jour viendra où nos chemins se recroiseront, marmonna-t-il en reculant.

– Je ne te le souhaite pas !

Maki se sentit soulagé en voyant l'esclavagiste fuir à toutes jambes. Mais il ne pouvait sécher ses larmes alors que la grande girafe vivait ses derniers instants. De son côté, Hassan s'approcha du petit girafon et lui passa délicatement une corde autour du cou.

– Qu'est-ce que tu fais ? demanda le garçon, affolé.

– Rentre chez toi avant qu'il ne te retrouve...

– Tu l'emmènes où ?

Sans répondre, Hassan accrocha la corde à la selle de son dromadaire et se hissa dessus.

– Bénur ! *Yallahoum !* ordonna-t-il à sa monture pour la faire repartir.

La petite girafe tenta de résister, mais elle fut bien obligée de suivre. En la voyant s'éloigner, impuissant, Maki glissa à l'oreille de sa mère :

– Je vais la ramener, je te le promets. Je veillerai sur elle. Je ferai tout pour la ramener...

CHAPITRE 2

En route pour le Sahara

Une longue marche commença pour Maki, sur les traces d'Hassan, de Bénur et du girafon, à travers la savane jusqu'au Sahara. Là, d'immenses dunes se dressaient à l'infini sous un soleil brûlant. Courageusement, la garçon s'avança dans le désert.

Loin devant, Hassan tira sur les rênes de son dromadaire pour le faire s'arrêter un instant. Une réflexion lui était venue à l'esprit. Cet enfant qu'il avait sauvé avait l'air très attaché à cette girafe. Et s'il avait eu l'idée de les suivre ? Il déplia sa longue-vue : le petit était effectivement sur leurs traces. Le bédouin détacha de sa selle une gourde d'eau et la laissa tomber sur le sol. Au moins, le garçon ne mourrait pas de soif.

Le soleil était à présent au zénith. Des gouttes de sueur perlaient sur le front de Maki. Ses forces diminuaient et sa gorge devenait sèche. Soudain, il aperçut une gourde en cuir abandonnée sur le sable. Il se rua dessus et en but la moitié. Puis il reprit sa marche. Mais très vite, la gourde fut vidée et la chaleur devint tellement étouffante que le petit garçon finit par perdre connaissance.

Lorsque Maki recouvra ses esprits, la nuit était tombée sur le Sahara, le ciel brillait de mille étoiles. Le garçon était allongé contre le flanc de la petite girafe. Hassan l'avait recueilli. Le bédouin fit chauffer de l'eau au-dessus d'un feu. Puis il la versa d'une théière à une autre, à la manière des hommes du désert.

– Tiens, bois ! dit-il en tendant un verre de thé à Maki. Pourquoi est-ce que tu me suis ?

– Ce n'est pas toi que je suis, c'est ma girafe, répondit l'enfant avec impertinence.

– Ta girafe ? Et comment s'appelle ta girafe ?

– Je ne sais pas.

– Tu ne sais pas ? Bon, on l'appellera Zarafa. Dans ma langue, ça veut dire « girafe ». Elle refuse de boire, continua le bédouin, inquiet. Et si elle ne boit pas...

Maki se leva, plongea les mains dans une cuvette d'eau et les approcha de la petite girafe. Elle but. Hassan et Bénur échangèrent un regard étonné.

– Demain, il faudra lui chercher de quoi manger. Nous irons chez Mahmoud. Ensuite, je te mettrai dans une caravane qui te ramènera chez les tiens.

Le petit garçon retourna s'asseoir près du feu, sans rien dire.

Un peu plus tard, à la lueur des braises, Maki s'assura que Hassan et Bénur dormaient et il réveilla Zarafa. Tous deux se levèrent et quittèrent le camp sans bruit.

– Si tu t'éloignes, tu vas te perdre, dit Hassan en entrouvrant les yeux.

Maki et Zarafa s'immobilisèrent. Le bédouin se redressa.

– Et si tu te perds, tu vas mourir. À moins que tu ne retrouves ton chemin dans les étoiles...

Maki leva la tête, la Voie lactée illuminait le ciel. Le petit garçon était bien incapable d'y trouver son chemin. Résigné, il revint sur ses pas, suivi de sa girafe. Hassan referma les yeux et ajouta, comme un conseil que la nuit portait :

– Dans le désert ou au milieu de l'océan, si tu es perdu, interroge le ciel.

CHAPITRE 3

L'oasis

Le lendemain, Hassan installa Maki sur Bénur et ils reprirent la route. Les dunes de sable défilèrent de nouveau, jusqu'à ce qu'ils arrivent aux abords d'une petite oasis. Le douar d'un marchand nomade y était dressé.

– *Salam aleikoum,* Mahmoud ! dit Hassan en s'approchant.

– Hassan ! s'écria Mahmoud en sortant de sa tente. *Aleikoum salam !*

Les deux hommes tombèrent dans les bras l'un de l'autre et se tapotèrent amicalement le dos.

– Alors, tu as trouvé ta girafe, constata le marchand en voyant Zarafa. Le pacha sera heureux. Elle est très belle. *Zouina bezef.*

– Mahmoud, il me faut du lait.

– Du lait ? *Wakha sidi.* Mais dis-moi : tu le veux écrémé ? Demi-écrémé ? Concentré ? Yaourt ? J'ai du très bon yaourt.

– Mahmoud... Du lait, juste du lait.

– Juste du lait ? Wakha. Mais du lait de quoi : de vache ? De brebis ? De yack ? De lama ?

– Mahmoud ! s'impatienta le bédouin.

– Wakha wakha sidi. Mais juste... dis-moi : pour faire quoi ? Du beurre ? Des crêpes ? Des gâteaux ? Parce que j'ai aussi des moules à gâteaux, des moules à tartes, des moules à kouglof, des moules à...

Hassan l'interrompit net :

– Donne-moi du lait de chèvre pour la girafe, articula-t-il lentement pour être bien compris.

– Du lait de chèvre... bredouilla le marchand. J'ai pas. Mais attends...

Mahmoud disparut sous sa tente, pour en ressortir quelques secondes après accompagné de deux vaches. L'une était dorée comme le soleil, l'autre argentée comme la lune. Elles portaient toutes les deux un étrange petit point rouge sur le front. Maki, Bénur et Zarafa les regardèrent, bouche bée.

– Laissez-moi vous présenter Mounh et Sounh, des vaches sacrées du Tibet ! Leur lait est excellent pour la croissance !

– Combien ? demanda Hassan.

– Pas cher. Pour toi, mon ami, je te fais les deux au prix d'une.

– Je n'en veux qu'une.

– Si tu n'en prends qu'une, c'est deux fois plus cher.

– Comment ça ? Une, c'est plus cher que deux ?

Hassan n'en croyait pas ses oreilles. Mahmoud regarda les deux vaches avec tendresse.

– Eh oui ! Parce qu'on ne sépare jamais des jumelles. Ou alors, c'est très cher.

– Je n'en ai besoin que d'une.

– Bon, bon, mais... laquelle : Mounh ou Sounh ?

Au hasard, Sounh fut choisie. Maki se mit à la traire pour nourrir Zarafa. Pendant ce temps, Hassan et Mahmoud fumaient le narguilé dans la tente.

– Mahmoud, la prochaine caravane pour le sud, elle passe quand ?

– Demain... pourquoi ?

– C'est pour le petit. Combien pour une place ?

– Alors ça dépend... En première classe ?... Classe affaires ?... Classe économique, je ne te le conseille pas : on est trop nombreux sur le dromadaire.

– Mahmoud... donne-moi une place normale...

– Wakha sidi. Mais dis-moi : devant ou derrière ?

– Devant ou derrière quoi ?!

– Assis devant la bosse ou derrière la bosse du dromadaire ?

Hassan soupira. Décidément, son ami ne changerait jamais.

Après une paisible nuit sous la tente du nomade, Maki fut réveillé par des meuglements de vache. Il sortit et aperçut Mahmoud en train d'essayer de toutes ses forces de retenir Mounh par la queue.

– Je l'avais pourtant prévenu, on ne sépare jamais des jumelles, dit-il. Et en plus, c'était moins cher. Pff!

Le petit garçon comprit aussitôt que Hassan avait quitté le douar sans lui, emmenant la petite girafe. Sans hésiter, il sauta sur le dos de la vache.

– Allez, Mounh ! Yah !

Maki finit par retrouver la trace de Hassan qui s'était arrêté pour se rafraîchir dans un village. Il le vit donner de l'eau à Zarafa mais celle-ci refusa de boire. Il tenta de traire Sounh pour lui donner du lait, mais aucune goutte de lait ne sortait de ses mamelles.

– Mahmoud, si je t'attrape, je vous taille les moustaches, à toi et à tes vaches !

Maki, lui, savait comment s'y prendre. Il se rapprocha d'une centaine de mètres, de manière à être visible. Puis il descendit de Mounh, s'allongea sous ses pis et en fit couler le lait directement dans sa bouche.

– Hé, Hassan ! Si tu ne sais pas comment traire une vache, interroge le ciel ! Ha ha ha !

Le bédouin haussa les épaules. Il regarda la petite girafe, que seul Maki parvenait à faire boire.

– Eh ben, viens... céda-t-il.

Fous de joie, Maki et Mounh se ruèrent vers le groupe.

– Mais je te préviens, ajouta Hassan fermement, dès qu'on arrive à Alexandrie, tu prends la première caravane et tu rentres chez toi. Tu as compris ?

Le garçon fit mine de ne pas entendre et se jeta au cou de Zarafa.

Les temples d'Abou Simbel, avec leurs immenses statues sculptées dans la pierre et aux socles recouverts de hiéroglyphes, marquèrent leur entrée en Égypte.

Le long fleuve du Nil coulait en contrebas. L'attention de Hassan fut attirée par une felouque remplie d'esclaves qui naviguait vers le nord. Sur le bateau, Moreno se prélassait, allongé sur des coussins, tandis que Soula le ventilait avec une feuille de palmier. Maki reconnut immédiatement la petite fille.

– Soula ! cria-t-il sans réfléchir.

Amrok bondit et repéra le garçon sur le rivage. Il se mit à aboyer comme un diable. Moreno se redressa. Comprenant le danger, Hassan cacha Maki derrière lui. Le bédouin et le marchand d'esclaves échangèrent un long regard hostile. La felouque finit par tourner sur un bras du fleuve et disparut au loin.

CHAPITRE 4

Alexandrie

Hassan et sa troupe suivirent le Nil et contemplèrent en chemin les pyramides des pharaons égyptiens. Maki n'avait jamais vu de telles merveilles. Il fut encore plus impressionné lorsque la Méditerranée apparut sous ses yeux. Et devant la mer : Alexandrie ! La caravane franchit les remparts de la cité. Ils traversèrent le marché. Tous les regards se tournaient vers Zarafa. Dans la foule, des rumeurs bruissaient :

– *Al hamdou lilah !* Cette girafe va nous sauver !

Derrière le souk se dressait le palais du pacha. Ses portes s'ouvrirent sur des jardins luxuriants où mille parfums embaumaient l'air. Hassan prit Zarafa par la bride et s'avança dans la cour. Le pacha vint à leur rencontre, suivi de ses courtisans.

– Ah, Hassan ! Je t'attendais avec impatience ! Tu as réussi ! Elle est magnifique… dit-il en caressant le flanc de la girafe, émerveillé.

Le bédouin mit un genou au sol et embrassa la main de son souverain avec respect.

– Je suis heureux qu'elle vous plaise, Votre Altesse. J'espère qu'elle plaira autant au roi de France.

– On ne peut pas faire un plus beau cadeau.

– Un cadeau ? s'étonna Maki.

Le pacha les invita à le suivre à l'intérieur du palais et les emmena sur la terrasse de la salle du trône. De là, on pouvait voir toute la ville. Hassan sortit sa longue-vue et regarda vers la mer : des bateaux étaient déployés en arc de cercle, formant une barrière devant le port. Les Turcs assiégeaient Alexandrie. Alors, pour libérer le pays de l'envahisseur, le pacha voulait demander l'aide du roi de France. Et Zarafa devait être le cadeau qui le ferait accepter.

– Votre Altesse, comment comptez-vous envoyer la girafe en France ? demanda Hassan. Il n'y a plus aucun moyen de quitter le port.

– Si. Il y en a un, répondit le souverain en montrant un homme sur le quai. Voilà notre sauveur ! Le capitaine Moreno va amener notre girafe jusqu'à Paris.

Hassan braqua sa lunette dans sa direction : Moreno était en train d'échanger ses esclaves contre des reliques, des statues et des sarcophages volés dans les temples égyptiens. Au dernier moment, il décida cependant de garder Soula pour lui contre un dédommagement d'une pièce d'or. Hassan replia sa longue-vue dans un geste de rage.

– Votre Altesse, cet homme, que vous appelez notre

sauveur, est un esclavagiste qui trafique avec des pilleurs de tombes !

– Oui, mais il est de connivence avec les Turcs. Ils laisseront passer son navire.

– Sauf votre respect, Votre Altesse, je n'ai aucune confiance en lui. Laissez-moi emmener Zarafa en France.

– Et comment passeras-tu le barrage des Turcs ?

Hassan réfléchit. Des cris d'oiseaux se firent entendre. Le bédouin leva la tête : dans le ciel, un groupe d'oies migraient vers le nord. Une montgolfière accrochée à son filin flottait juste en dessous.

– J'ai peut-être une idée...

Dans la salle principale du palais, un homme rondouillard avec de grosses lunettes d'aviateur faisait face au pacha. Malaterre était un vieil ami de Hassan et le bédouin sollicitait à présent son aide.

– Il suffirait qu'on prenne la route des oies...

– La route des oies ? Ça ne va pas, non ! Je n'ai jamais coupé le cordon de mon ballon, moi ! Et tu voudrais qu'on traverse la Méditerranée ? Avec une girafe en plus ?!

– Ne raisonne pas avec ta tête, mais avec ton cœur.

– Votre Altesse, cet homme est complètement fou,

répliqua Malaterre, en se tournant vers le pacha. Le soleil du désert lui a brûlé la cervelle.

– Malaterre, Alexandrie a besoin de vous.

– Mais, Votre Altesse, la Méditerranée... c'est... c'est... c'est grand, balbutia-t-il.

– C'est tout simple : il faut pouvoir prendre suffisamment d'altitude pour atteindre les courants chauds, comme les oies... expliqua Hassan. À moins que tu ne te dégonfles...

Touché dans son orgueil, Malaterre finit par céder :

– Bon. On va essayer.

– À la bonne heure, conclut le pacha, soulagé. Notre destinée est désormais entre vos mains, messieurs. Offrez Zarafa au roi de France et nous sommes sauvés !

Il avisa un serviteur, qui lui apporta un parchemin. Il le donna à Hassan, avec ses dernières instructions :

– À Paris, tu iras voir de ma part le zoologiste du Jardin des Plantes. C'est le scientifique le plus renommé d'Europe. Il t'aidera. Ensuite, tu remettras ce message en main propre au roi, ajouta-t-il. Et après, *inch Allah*...

Peu avant le lever du soleil, Malaterre prépara son ballon pour le voyage. Il tendit des réserves de nourriture à Maki, déjà installé dans la nacelle avec Zarafa. Hassan fit monter Mounh et Sounh.

– Qu'est-ce que tu fais ? lui demanda Malaterre, interloqué.

– Je charge les vaches. Elles viennent avec nous pour nourrir Zarafa.

– Tu es fou ? Et pourquoi pas Bénur tant qu'on y est ?

– Bénur reste là. Il va ramener Maki dans le sud, chez les siens.

Le sourire de Maki s'estompa.

– Je viens avec vous ! affirma-t-il d'un ton obstiné.

– Hors de question ! Nous allons en France, et c'est loin, très loin. Descends maintenant.

– Non. Pas sans Zarafa. Elle ne t'appartient pas. Rends-lui sa liberté.

– Sois raisonnable, Maki.

Hassan essaya de faire descendre de force le petit garçon du ballon, mais Maki s'agrippait à sa girafe. Le bédouin finit par les séparer. Malaterre, Bénur, Mounh et Sounh regardaient la scène avec tristesse.

– Je te déteste ! hurla le garçon en se débattant.

Réussissant à se délivrer, il s'enfuit en courant.

– Je vais lui parler, proposa Malaterre.

Dans l'étable où il s'était réfugié, Maki pleurait à chaudes larmes, la tête cachée dans ses genoux. Malaterre s'assit près de lui.

– Tu l'aimes, cette girafe, hein ?

– J'ai promis à sa mère de veiller sur elle, lui confia le petit garçon en reniflant. Oh je t'en supplie, laisse-moi venir avec vous. Laisse-moi tenir ma promesse ! Touché par sa détermination, Malaterre réfléchit.

Peu après, Hassan vit Bénur quitter l'étable, emmenant Maki sur son dos. Malaterre sortit de la grange à son tour, avec une botte de foin qu'il jeta à l'intérieur de la nacelle.

– Puisque les vaches viennent avec nous, il faut qu'elles aient de quoi manger.

Mais Hassan ne l'écoutait pas. Il regardait Bénur et Maki s'éloigner, pris de remord.

– Ils vont où ?

– Bénur le ramène chez lui.

– Sans dire au revoir ?

– Il a de la peine. Bon, allez, il faut partir avant que les Turcs se réveillent.

Hassan acquiesça. Il lança un dernier regard vers le dromadaire et le garçon qui disparurent au loin. Et son cœur se serra.

Bénur se fraya un chemin à travers le souk. Les marchands qui installaient leurs étals se retournaient sur son passage avec étonnement. Car en lieu et place de Maki se trouvait, vêtu de ses habits, un bonhomme de paille...

CHAPITRE 5

La route des oies

Dans la nacelle, Malaterre, Zarafa, Mounh et Sounh retinrent leur souffle, tandis que Hassan s'apprêtait à couper la dernière corde les reliant à la terre.

– Prêt ? leur lança-t-il.

Le silence qui régnait en disait long sur la peur de chacun. D'un coup de sabre, Hassan trancha la corde. Le ballon s'éleva doucement. Mais, trop chargé, il avait du mal à prendre de l'altitude et se dirigeait dangereusement vers la mer. Au moment où il était sur le point de tomber dans l'eau, un coup de vent l'emporta. Il monta enfin dans les airs et passa silencieusement le barrage de navires turcs sans que personne ne s'en rende compte. Le jour commençait à se lever. Penché par-dessus bord, Malaterre regarda Alexandrie s'éloigner progressivement.

– On a réussi, annonça-t-il fièrement.

– Non, pas encore, jugea Hassan. Si on veut atteindre les courants chauds comme les oies, il faut voler plus haut.

– Je savais que c'était stupide de faire monter les vaches !

Mounh et Sounh échangèrent un regard coupable.

– Balance tout ce que tu peux. C'est notre seule chance !

Malaterre et Hassan jetèrent par-dessus bord tout ce qui leur tomba sous la main, quand tout à coup le ballon prit brutalement de l'altitude.

– Quel est ce sortilège ? s'étonna le bédouin.

Malaterre était aussi surpris que lui. Les deux hommes se retournèrent d'un même élan : Mounh et Sounh avaient disparu. Ils se penchèrent et virent les vaches virevolter dans les airs. Elles avaient sauté ! Malaterre se tourna vers Hassan. Il le vit alors lancer hors de la nacelle la botte de foin.

– Non ! Pas le foin ! hurla-t-il.
– Quoi ? Plus de vache, plus de foin...
– Maki était caché dedans !!!

Au même moment, un grand bateau de pirates grecs naviguait sur la Méditerranée. Bouboulina, leur belle capitaine armée jusqu'aux dents, faisait un bras de fer contre un de ses matelots. D'un coup sec, elle lui écrasa la main sur la table. Le colosse repartit tête baissée, honteux.

– Alors, à qui le tour ? demanda-t-elle, autoritaire.

Ses hommes détournèrent tous les yeux en sifflotant. Achille, le second d'équipage parla pour eux :

– Personne ne peut te battre, Bouboulina.

– Est-ce que mes hommes sont des hommes ou des femmes ? répliqua-t-elle avec mépris.

– Des vaches ! cria soudain la vigie du haut du mât.

Bouboulina leva la tête, incrédule : Mounh et Sounh tombaient du ciel. Les voiles du bateau freinèrent leur chute et elles s'échouèrent mollement l'une après l'autre sur le pont. Pris de panique, les pirates s'écartèrent. Seule Bouboulina ne bougea pas, les mains sur les hanches. Les deux vaches se relevèrent, sous le regard ahuri des pirates.

– Qu'est-ce que c'est que ça ? *Malaka !* Les vaches tombent du ciel maintenant !

Puis ce fut au tour de la botte de paille d'atterrir sur le pont du navire. Un cri en sortit :

– Aïe ! Ouille !

Bouboulina dégaina ses deux pistolets. Ses hommes l'imitèrent en tremblant. Maki surgit de la paille tout étourdi.

– Malaka... firent les pirates, éberlués.

Dans le ciel, des oies passèrent en rang serré. La montgolfière avait enfin atteint leur altitude. À l'intérieur de la nacelle, Hassan et Malaterre avaient tous les deux déplié leur longue-vue pour chercher Maki.

– Tu as mis le gamin dans le foin ?! criait Hassan. Je ne peux pas croire qu'on puisse être aussi idiot !

– Il est sain et sauf, annonça Malaterre en repérant le garçon sur le pont du navire en dessous d'eux.

– Sain et sauf ? *Yajmal !* Avec des pirates ?!

Zarafa se pencha d'un air inquiet et regarda le bateau de Bouboulina qui, du haut du ballon, semblait n'être qu'un petit point noir perdu au milieu de la mer.

CHAPITRE 6

Sur la Méditerranée

Bouboulina et ses pirates observaient le garçon et les deux vaches d'un air méfiant.

– Qui es-tu, petit ? demanda la belle Grecque.

– Je suis Maki, en mission pour le pacha d'Égypte, répondit-il avec aplomb.

Tout le monde éclata de rire.

– Nous ramenons un trésor en France, ajouta-t-il.

Tout le monde s'arrêta de rire. Intriguée, Bouboulina se pencha vers lui.

– Un trésor ? Et il est où, ce trésor ?

Maki pointa du doigt un petit point noir dans le ciel : le ballon de Malaterre.

– Il est là.

Bouboulina réfléchit un instant. Ses hommes n'avaient pas l'air de croire un mot de cette histoire et se montraient de plus en plus menaçants.

– Mangeons les vaches et jetons le petit aux requins, suggéra Achille.

Les autres pirates acquiescèrent bruyamment, chacun y alla de son couplet, inspiré par ce programme des plus appétissants :

– Y'en a marre de la soupe de poissons !

– On veut de la moussaka !

– Des keftas !

– Des boulettes !

– Des bifteckas !

Mounh et Sounh écoutaient, mortes de peur.

– Stop ! cria Bouboulina en fusillant du regard les marins.

Ils baissèrent les yeux. Elle posa amicalement la main sur la tête de Maki.

– Tu me plais, toi... Suivez ce ballon ! ordonna-t-elle à ses matelots.

Le navire et la montgolfière avancèrent ainsi à même allure sur la Méditerranée. Avant le coucher du soleil,

Hassan fixa à nouveau de sa longue-vue le pont du bateau pour vérifier qu'il n'était rien arrivé à Maki.

– Alors ? Tu le vois toujours ? lui demanda Malaterre. Qu'est-ce qu'il fait ?

– Il... danse le sirtaki... répondit Hassan, perplexe.

En effet, à bord, la fête battait son plein : les pirates grecs dansaient et tapaient dans leurs mains autour de Maki. Les vaches marquaient le rythme, amusées. Le petit garçon tenta quelques pas de sirtaki, mais finit par trébucher. L'équipage éclata de rire. Vexé mais têtu, il se releva et se relança dans la danse. Les marins l'encouragèrent : cette fois, il semblait avoir compris la technique.

– *Hoba !* chanta-t-il avec les pirates.

De la proue du bateau, Bouboulina lui sourit :

– Hoba ! chanta-t-elle pour l'accompagner.

Elle leva les yeux vers le ciel et observa le ballon qui, dans la lumière de ses lampes à huile, brillait comme un trésor.

CHAPITRE 7

Marseille

Les côtes françaises se dessinèrent à l'horizon. Marseille, enfin. Malaterre contempla la cité phocéenne dans le soleil levant.

– On va se ravitailler ici, annonça-t-il.

– Et chercher le petit aussi, ajouta Hassan.

Dans le port de Marseille était amarré le navire de Moreno. Des marins déchargeaient discrètement les chariots d'antiquités égyptiennes sur le quai. Soula fut amenée elle aussi dans un chariot, et cachée sous une bâche. Moreno surveillait la manœuvre. Son attention fut attirée par la montgolfière en approche. Il sortit sa longue-vue et aperçut Hassan dans la nacelle.

– Tiens, tiens... C'est l'heure de payer l'addition.

Quand le ballon se posa sur le port, tous furent ravis de pouvoir se dégourdir les jambes. Mais en un instant, des hommes les encerclèrent. Moreno apparut.

– Où est le petit ?

Hassan s'apprêta à dégainer son sabre, mais plusieurs marins le maîtrisèrent. Moreno en profita pour lui asséner un coup de poing dans le ventre.

– J'ai dit : où est le petit ?

Soudain, une voix de femme se fit entendre :

– Il est avec moi. Viens le chercher si tu l'oses.

Bouboulina tenait Maki par la main. Son bateau venait d'accoster et les pirates en descendirent, pistolets aux poings. Ils avancèrent vers Moreno et ses hommes qui, ne faisant pas le poids, lâchèrent Hassan et reculèrent, penauds, vers leurs chevaux.

– On se retrouvera un jour où l'autre ! Et là… on se retrouvera ! bafouilla le marchand d'esclaves en montant sur sa selle.

– Ça, tu me l'as déjà dit, rétorqua le bédouin.

Moreno décampa à toute allure. Maki sauta au cou de Zarafa, heureux de revoir son amie.

Avec l'aide des pirates, le ravitaillement fut rapidement achevé. Vint alors l'heure du départ. Et des adieux. Bouboulina s'approcha de la petite girafe et la caressa, charmée.

– Tu avais raison, Maki, ton trésor est très beau. Il n'a pas de prix.

– J'ai promis à sa mère de la ramener chez elle… lui confia le petit garçon.

– Ça suffit ! le coupa Hassan d'une voix autoritaire.

J'apprécie ton courage et ton aide, mais Zarafa doit rejoindre Paris au plus vite.

– Non ! supplia Maki.

– Si le petit a promis… Il faut toujours tenir ses promesses, parole de Bouboulina.

L'équipage approuva l'intervention de son capitaine d'un regard menaçant en direction de Hassan. Celui-ci n'eut pas d'autre choix que de céder :

– Très bien, tu as gagné, Maki. Nous rentrons.

Du ballon, Malaterre le regarda avec étonnement. Il ne pensait pas que le bédouin changerait d'avis aussi facilement. Bouboulina s'avança vers Hassan.

– Tu fais le bon choix. Prends bien soin du petit. Et, on ne sait jamais, si un jour ta route t'emmène jusqu'en Grèce, passe me voir. Demande Bouboulina, là-bas, tout le monde me connaît.

– Je... euh... oui, répondit-il en rougissant, troublé.

La belle Grecque embrassa Maki tendrement.

– Adieu, Maki. Continue à tenir tes promesses.

Et tandis que le ballon s'élevait dans le ciel, les pirates saluèrent de la main ses passagers.

– Cap vers l'Afrique alors ? dit Malaterre à Hassan.

– Non. Cap vers Paris.

– Quoi ?! Mais... bredouilla Maki sans comprendre.

– C'est ta faute ! Tu ne m'as pas laissé le choix !

– Zarafa et moi, on s'enfuira dès que tu auras le dos tourné ! jura le petit garçon.

Tous les regards se fixèrent sur Hassan, qui détourna la tête vers l'horizon.

En bas, sur la route, le chariot de Moreno filait à vive allure vers le nord, comme la montgolfière. Ballottée de tous côtés, Soula s'accrochait comme elle pouvait. Un coin relevé de la bâche lui permit d'apercevoir le ballon dans le ciel. Elle suivit des yeux sa course à travers les nuages, qui s'amoncelaient de plus en plus au fur et à mesure qu'ils avançaient vers les Alpes.

CHAPITRE 8

Tempête dans les Alpes

Serré contre Zarafa, Maki boudait toujours. Hassan faisait semblant de ne pas le voir. Il commença à neiger. Un flocon atterrit sur son nez, il loucha dessus, étonné.

– C'est donc ça, la neige ? Je n'en avais jamais vu avant.

Malaterre remarqua avec inquiétude les nuages noirs qui obscurcissaient l'horizon.

– Rassure-toi, tu vas en voir...

En effet, peu de temps après, la tempête faisait rage. Malaterre tenta de manœuvrer la montgolfière à travers des rafales de vent de plus en plus violentes.

– Accrochez-vous ! cria-t-il.

Malgré ses efforts, le ballon finit par s'écraser sur la pente d'une montagne. L'impact les éjecta tous de la nacelle. Heureusement, la neige amortit leur chute. Ils étaient sains et saufs. Cependant, la montgolfière glissait maintenant dangereusement vers une crevasse. Malaterre essaya de la retenir mais le vent, trop fort, l'emporta au bord du précipice.

– Hassan ! hurla-t-il. Perce le ballon, vite !

Le bédouin dégaina son sabre et déchira la toile d'un

mouvement rapide. Désemparé, Malaterre regarda sa belle montgolfière se dégonfler.

Profitant de la situation, Maki entraîna Zarafa vers les bois. Mounh et Sounh les virent disparaître entre les sapins, sans que Malaterre ni Hassan, eux, ne s'en rendent compte.

Alors qu'ils s'enfonçaient dans la forêt, Zarafa et Maki entendirent un hurlement étrange. Entre les sapins enneigés brillaient des yeux inquiétants.

Des loups ! Ils s'approchèrent, menaçants, du girafon et du petit garçon. Zarafa tenta de les intimider en se braquant sur ses pattes arrière. Les bêtes féroces reculèrent de quelques pas. Mais elles lurent bien vite dans le regard de la girafe la peur qui la tenaillait et reprirent confiance. Maki et Zarafa furent à nouveau encerclés par la meute affamée. À cet instant, Mounh et Sounh surgirent pour défendre leurs amis. Un combat s'engagea entre les vaches et les loups.

De leur côté, Hassan et Malaterre pliaient la toile déchirée du ballon, lorsqu'ils entendirent soudain des cris provenant de la forêt.

– Hassan ! Hassan !

Ils reconnurent aussitôt la voix de Maki et se précipitèrent à sa rescousse. Lorsqu'ils arrivèrent, les loups s'étaient enfuis sous les coups de cornes de Mounh. Ils découvrirent Maki, agenouillé dans la neige, en larmes. Devant lui se trouvait le corps de Sounh, sans vie.

La tempête s'était enfin arrêtée. Le soleil réapparut et fit briller les pentes enneigées des Alpes. Maki se recueillit sur la tombe fraîchement creusée de Sounh.

Zarafa et Mounh semblaient tout aussi inconsolables que lui. Dans un geste paternel, Hassan posa la main sur l'épaule du garçon.

– Souviens-toi de ce que Mahmoud a dit : Sounh est une vache sacrée. C'est même une vache bouddhiste.

– C'est quoi « bouddhiste » ? demanda Maki.

– Sa croyance dit qu'après sa mort, elle sera réincarnée en un autre animal. Alors ne sois pas triste.

– Tu mens encore... murmura le petit garçon.

Pourtant, au même moment, un papillon aux ailes dorées comme le soleil, avec une tache rouge entre les antennes, vint tournoyer près de lui.

– Sounh... C'est Sounh !

Maki sauta de joie. Le papillon s'approcha de Mounh et voleta autour d'elle. La vache semblait aux anges : elle avait retrouvé sa sœur jumelle. Hassan et Malaterre sourirent aussi.

La troupe repartit, accompagnée du papillon doré.

CHAPITRE 9

Le Jardin des Plantes

Comme le ballon ne pouvait plus voler, l'expédition continua à pied. Il leur fallut longtemps pour arriver jusqu'à Paris. Mais ils n'étaient pas seuls : à chaque traversée de village, une foule les acclamait, car on n'avait jamais vu de girafe auparavant... Les Français étaient chaque jour un peu plus nombreux sur leur route pour les accueillir aussi dignement qu'un cortège royal ! Un soir, ils arrivèrent enfin en vue de Paris. Le spectacle des lumières de la capitale illuminant l'horizon les émerveilla. Ainsi que le pacha le leur avait demandé, ils rejoignirent le Jardin des Plantes et se présentèrent à son zoologiste, qui les reçut pour la nuit.

Le lendemain, Zarafa fut enfin présentée à Charles X, le roi de France.

– Sire, voilà... le superbe cadeau du pacha d'Égypte ! déclara solennellement le zoologiste à son souverain.

La toile à fleurs de lys qui recouvrait la cage de Zarafa s'ouvrit comme un rideau, la dévoilant, vêtue tout spécialement d'une tenue de cérémonie, coiffée d'une couronne de fleurs, et terrorisée. Maki sentit sa gorge se nouer en la voyant ainsi emprisonnée. Quant à Hassan, sa conscience commençait à le tourmenter.

Tandis que la foule s'extasiait devant tant d'exotisme, le roi eut un sourire las. Les richesses que lui et ses prédécesseurs avaient accumulées au fil des siècles lui avaient ôté tout enthousiasme.

– C'est… magnifique… splendide… merveilleux… dit Charles X d'un ton blasé. Mais… qu'est-ce que c'est que ce truc ? glissa-t-il à l'oreille du zoologiste.

– Une *Giraffa camelopardalis*… Enfin, je veux dire : une girafe, Sire.

Le roi se racla la gorge et lâcha à la foule :

– Ah, mais quelle belle girafe !

– Vive la girafe du roi ! crièrent les courtisans.

Hassan s'approcha du souverain, fit la révérence et lui tendit un parchemin.

– Sire… de la part du pacha d'Égypte.

Charles X déroula le message et commenta à haute voix ce qu'il y lisait, d'un ton ironique :

– Alexandrie est assiégée… Comme c'est triste.

– Ohhhh… firent en chœur les courtisans, tout aussi sarcastiques que le roi.

– Et le pacha nous demande notre aide.

– Ahhhh…

– Et que nous offre-t-il en échange ?

– Une girafe ! dirent les courtisans en riant.

Hassan fronça les sourcils, ne comprenant pas bien le ton méprisant du roi et de sa cour.

– Monsieur, reprit Charles X, en s'adressant à Hassan, retournez dire à votre pacha que la France a autre chose à faire que combattre les Turcs, et que ce n'est pas avec une girafe qu'on me persuadera de faire autrement.

Maki bondit devant le roi :

– Alors rendez-nous Zarafa !

Hassan rattrapa le garçon et le bâillonna de la main.

– Pardonnez-le, ce n'est qu'un enfant.

Pour apaiser la situation, le zoologiste tenta d'attirer l'attention du souverain :

– Sire, savez-vous qu'à l'âge adulte, elle sera encore plus grande ?

– Vraiment ? Eh bien, nous verrons cela. Nous la gardons ! décida le roi.

La foule exulta. Hassan reprit espoir :

– Ça veut dire que vous allez nous aider, Sire ?

– Non. Mais un cadeau est un cadeau !

Hassan baissa la tête. Sa mission venait d'échouer. Maki aussi était déçu. Zarafa avait perdu sa liberté, pour rien. Il s'approcha de la girafe, les yeux embués de larmes.

CHAPITRE 10

Les rues de Paris

Battant le pavé d'une grande avenue parisienne, un gamin criait à la volée en distribuant des prospectus aux passants :

– Venez voir la première girafe de France ! Actuellement au Jardin des Plantes ! Venez voir...

Il s'arrêta net, pétrifié. Face à lui, Amrok le fixait d'un air féroce. D'un coup de mâchoire, le chien lui arracha des mains un prospectus et fila à toute allure retrouver son maître.

Quand Moreno découvrit ce qu'Amrok lui rapportait, il n'en revint pas : Zarafa était ici, à Paris. Et le petit esclave qui lui avait échappé était sûrement avec elle, pensa-t-il. La bonne surprise que voilà ! Il tapota la tête de son chien, satisfait.

En fin de journée, le Jardin des Plantes ferma ses portes au public. Il ne restait plus à l'intérieur que Maki, Hassan, Zarafa et les autres animaux du zoo.

– À quoi ça a servi, tout ça ? dit le petit garçon, adossé à la cage de sa girafe.

– Allez, viens, je te ramène chez toi maintenant, déclara Hassan, impuissant.

– Pas sans Zarafa.

– Arrête avec ça ! Dis-lui adieu, et viens. Ce n'est pas un endroit pour toi ici, Maki.

– Je ne partirai pas sans Zarafa ! J'ai promis à sa mère de la ramener.

– Et tu penses qu'on va te laisser repartir avec elle ?

– J'ai promis. Et moi, je tiens mes promesses.

– Très bien, après tout, fais ce que tu veux, je ne suis pas ton père.

Hassan s'éloigna dans les allées du zoo. La culpabilité pesait lourdement sur ses épaules. Soudain, il entendit des aboiements. Ceux d'Amrok, le chien de Moreno. Il fit demi-tour et courut vers la cage de Zarafa. Trop tard : Maki avait disparu. Il ne restait de lui que sa chaussure, qu'il avait dû perdre en se débattant. Ce soir-là, Hassan chercha le petit garçon partout dans les rues de la capitale. Et les jours suivants aussi, en vain.

Moreno tenait un magasin d'antiquités égyptiennes dans une rue très fréquentée de Paris. Au sous-sol se trouvait une cave sombre, dans laquelle il jeta Maki.

– Bienvenue ! lui lança-t-il, avant de l'y enfermer à double tour.

Maki se recroquevilla dans un coin. Une voix familière l'interpella :

– Maki... C'est toi ?

Les yeux du petit garçon s'adaptèrent peu à peu à l'obscurité et il distingua une forme au fond de la cave... qu'il reconnut aussitôt.

– Soula ?

Les deux enfants se retrouvaient enfin. Malheureusement, leur chemin devait se séparer encore : peu de temps après, Moreno vint chercher la petite fille pour la vendre comme domestique à une famille de bourgeois. À travers le soupirail qui offrait un faible aperçu de la rue, Maki vit Soula s'éloigner avec ses nouveaux propriétaires.

CHAPITRE 11

Coup de Sirocco

La mode de la girafe envahit Paris. Les femmes portaient des vêtements, des chaussures et des chapeaux aux motifs rappelant le pelage de Zarafa. Sur les enseignes des tavernes, on pouvait lire « L'auberge de la girafe » ou « La girafe qui fume ». Les peintures à Montmartre, les gravures, les sculptures, les pièces de théâtre, les livres, les jouets... Tout avait trait aux girafes. C'était la girafomania !

Zarafa, elle, n'oubliait pas Maki, et chaque jour elle espérait qu'il reviendrait la chercher, comme il l'avait promis. Mais le temps passa... et la girafe perdit espoir. Puis la girafomania retomba, plongeant Zarafa dans l'oubli. Mounh et Sounh restèrent auprès d'elle. On avait attelé une petite charrette à la vache ; elle promenait ainsi les enfants en visite au zoo, tandis que sa sœur papillon voletait au-dessus.

De son côté, Malaterre avait réussi à faire réparer son ballon. Mais il n'avait pas le courage de rentrer à Alexandrie tout seul. Il gagnait péniblement sa vie en proposant une attraction aux Parisiens en quête de sensations : « Paris vu du ciel ».

Quant à Hassan, lui non plus n'était pas rentré. Il errait de taverne en taverne, pour oublier l'échec de sa mission et la perte de ses amis.

Mais de tous, c'est Maki qui souffrait le plus. Moreno avait décidé de le mater. Il en avait fait son esclave personnel : briquer la maison, laver les sols, servir les repas, cirer les chaussures... était devenu le quotidien du petit garçon. Lui aussi avait perdu espoir.

Sur les murs de la capitale, l'affiche de Zarafa fut bientôt recouverte par une autre, représentant un énorme hippopotame. Dessous était écrit : « Bientôt à Paris : Sirocco, le premier hippopotame de France ». Le roi et sa cour vinrent à nouveau au Jardin des Plantes découvrir l'exotique animal.

– Qu'est-ce que c'est encore que cette... chose grotesque ? demanda Charles X à son zoologiste.

– *Hippos potamos*, Sire, répondit le scientifique, « cheval du fleuve », plus communément appelé « hippopotame ». Il vient d'Afrique, Sire.

– D'Afrique ? Mais vous allez finir par le vider, ce pays, à force de le piller !

– Euh... ce continent, Sire.

– Ah... Ah, mais quel bel hippopotame !

– Vive l'hippopotame du roi ! crièrent les courtisans.

La foule acclama Sirocco. Venus assister à l'événement, Moreno et sa famille applaudirent également. Maki avait été autorisé à les suivre, mais il semblait ailleurs, meurtri par les mauvais traitements qu'il avait subis jusqu'ici. Une petite voix l'appela :

– Maki...

Accompagnant elle aussi la famille à qui elle avait été vendue, Soula essayait d'attirer son attention.

– Maki ! insista-t-elle, en se cachant de ses maîtres sous son ombrelle.

Le jeune garçon réagit enfin, son visage s'illumina.

– Soula !

Un bruit étrange couvrit leurs voix : Sirocco était en train de faire tourner sa queue comme une hélice. La foule le regarda, déconcertée.

– Baisse ton ombrelle ! dit Maki à son amie.

Les deux enfants s'abritèrent ainsi juste à temps, avant que Sirocco ne projette ses excréments sur tout le monde, y compris le roi et ses courtisans. Maki profita de la confusion pour s'enfuir.

– Cette fois-ci, tu viens avec moi ! dit-il en prenant la main de Soula.

Recouvert de crottin, Moreno s'essuya le visage et vit les deux enfants disparaître dans une allée.

– Amrok ! Rattrape-les !

Le chien s'ébroua et se lança à leur poursuite.

Soula et Maki passèrent devant une cage que le petit garçon reconnut immédiatement.

– Zarafa !

Il ralentit, espérant voir sa girafe, mais les aboiements d'Amrok se rapprochèrent.

– Maki ! Vite ! cria Soula en le tirant par la main.

Ils se remirent à courir jusqu'à la sortie.

CHAPITRE 12

Perdus

Amrok poursuivit Soula et Maki dans Paris, mais, à moitié aveuglé par le crottin de Sirocco qui lui dégoulinait sur les yeux, il finit par se faire distancer. Les deux enfants se réfugièrent dans un entrepôt.

À l'intérieur, se dressait la statue d'un immense éléphant blanc, surmontée d'un palanquin, et entourée d'un échafaudage.

Amrok pénétra à son tour dans le hangar.

– Viens ! dit Maki en entraînant Soula vers l'éléphant.

Ils montèrent sur son dos par une des échelles de charpente et se réfugièrent dans le palanquin. En bas, le chien s'était mis à aboyer.

– Qu'est-ce que c'est que ce bazar, là ?! cria un ouvrier, agacé par le bruit. Allez, du balai ! Sale bête !

Et Amrok se fit chasser à coups de pied.

– Comment on va faire pour rentrer chez nous maintenant ? s'inquiéta Soula, en reprenant son souffle.

– Rentrer ? Pas question ! Je dois retourner chercher Zarafa, répondit Maki d'un ton catégorique.

– Zarafa ! Zarafa ! Tu ne penses qu'à elle, alors qu'on est perdus dans cette ville qu'on ne connaît même pas ! Tu entends, Maki ? On est perdus !

Perdus... Le conseil de Hassan résonna dans l'esprit de Maki : « Dans le désert ou au milieu de l'océan, si tu es perdu, interroge le ciel... »

Par la fenêtre, il scruta le ciel de Paris et aperçut au loin une montgolfière.

– On est sauvés, Soula ! On est sauvés !

Le ballon de Malaterre était attaché par un filin au milieu du jardin des Tuileries. Deux bourgeoises en descendirent, le visage verdâtre, l'une se retenant même de vomir. Malaterre les regarda tituber en s'éloignant. Dans le ciel, des oies migraient vers le sud. Il les contempla avec nostalgie. Quand, derrière lui, une petite voix d'enfant le fit sursauter :

– Les oies repartent. Il est temps de rentrer.

Malaterre se retourna : Maki et Soula étaient là, main dans la main. Un franc sourire se dessina sur son visage.

Ils retrouvèrent Hassan à la taverne « L'Hippo qui fume », affalé sur une table, semi-inconscient.

– Hassan... Hassan, on a besoin de toi. Aide-nous, supplia Maki en essayant de le réveiller.

Le bédouin ne semblait pas reconnaître ses amis et ne bougea pas.

– Sans lui, on n'arrivera pas à faire évader Zarafa.

Je suis navré, Maki, murmura Malaterre, défaitiste.

– Alors toi aussi, tu nous abandonnes ? riposta le petit garçon, déçu.

– Viens Maki, laissons-le, fit Soula. L'aventure, ce n'est pas pour lui.

Malaterre les regarda s'éloigner. Mais sa fierté reprit le dessus et il leur emboîta le pas.

– Attendez-moi !

CHAPITRE 13

Parés au décollage !

Quelques instants après leur départ, Hassan fut expulsé de la taverne.

– Allez ! On t'a assez vu, le métèque ! Ne remets plus jamais les pieds ici !

Au milieu de la place déserte, Hassan vacilla et tomba dans une fontaine. Il se redressa lentement ; son visage se reflétait à la surface. Il se regarda, honteux, et gifla son reflet. Puis il plongea la tête sous l'eau pour s'éclaircir l'esprit.

Le ballon de Malaterre survola le Jardin des Plantes dans la pénombre du crépuscule. Il se posa dans l'enceinte du zoo, à mi-chemin de la cage de Zarafa et d'une fosse où se trouvait une grotte sombre et mystérieuse. Tandis que Soula et Malaterre accrochaient le ballon, Maki sauta de la nacelle.

– Zarafa ! cria-t-il, fou de joie. Je suis venu te chercher, on rentre.

La girafe avait tellement grandi qu'elle put passer son cou par-dessus les barreaux pour frotter son museau sur la joue du petit garçon. Mounh et Sounh partagèrent aussi ces tendres retrouvailles.

– Zarafa ne tiendra pas dans la nacelle, dit Malaterre avec regret. Elle est devenue trop grande. Il faut la laisser. Je suis désolé…

– Allez, Maki, viens, ajouta Soula. Partons avant que les gardes n'arrivent !

– Je ne peux pas la laisser, implora le garçon.

– Mon petit ange gardien… murmura Zarafa d'une voix douce.

– Tu… tu parles ? s'étonna Maki.

– Oui, seulement, tu ne m'entends pas avec tes oreilles, mais avec ton cœur, continua la girafe. Tu dois partir sans moi, tu dois rentrer retrouver notre terre, notre pays. Tu vas construire une maison, fonder une famille. Et quand cette famille s'agrandira, ta maison se transformera en village…

– Mais, ta maman… je lui ai promis…

– Ce n'est pas moi que tu dois ramener en Afrique.

– Pas toi ? Mais qui alors ?

– Quelqu'un que tu puisses aimer…

Zarafa leva les yeux vers Soula. Maki regarda à son tour la fillette, qui l'appela de nouveau :

– Viens, je t'en prie…

Maki s'accrocha au cou de sa girafe.

– Je ne t'oublierai jamais.

– Tu resteras dans mon cœur. Je reviendrai dans tes rêves, te rendre visite.

Le garçon serra Zarafa une dernière fois contre lui.

Soudain résonna une voix atrocement familière :

– Coucou...

Maki se retourna, Moreno lui faisait face, une cravache à la main.

– Je savais que tu ne partirais pas sans ta girafe. Borné comme tu es... C'est la dernière fois que tu me fais courir !

Malaterre voulut descendre de la nacelle pour s'interposer, mais un grognement l'arrêta net. Amrok le fixait, tous crocs dehors et bavant comme un enragé. Sounh s'approcha alors de lui et tournoya devant ses yeux. La mystérieuse danse du papillon dérouta le chien et il s'arrêta de grogner. Mounh, elle, s'apprêtait à charger Moreno tandis qu'il s'avançait vers Maki, menaçant. Le petit garçon ferma les yeux avant que la cravache ne s'abatte sur lui.

Mais, brusquement, elle fut coupée en deux par la lame d'un sabre. Le sabre de Hassan.

– C'est la dernière fois que tu lèves la main sur cet enfant, esclavagiste.

– Hassan... dit Maki, surpris de le revoir.

Lâchement, Moreno appela son chien. Mais Amrok ne réagit pas, obnubilé par le vol du petit papillon au-dessus de sa tête. Ses yeux semblaient déboussolés et ses paupières lourdes. Sounh l'avait hypnotisé. Voyant Moreno impuissant, Hassan rangea son sabre.

– Allez, on rentre en Afrique.

Il prit la main de Maki et l'emmena jusqu'au ballon que Malaterre manœuvrait au décollage. Le petit garçon lança un dernier regard vers Zarafa. La girafe le regardait, elle aussi, les yeux humides.

Soudain, une détonation claqua. Hassan lâcha la main de Maki et s'écroula. Le garçon se retourna : Moreno tenait un petit pistolet encore fumant.

– Non ! gémit Maki en se précipitant au sol. Hassan…

– Pardonne-moi… mon fils… murmura le bédouin.

Et ses yeux se fermèrent. Maki fondit en larmes.

– Tu ne m'échapperas pas ! cria Moreno en fonçant vers lui.

D'un geste vif, Malaterre saisit le petit garçon par les épaules et l'embarqua à bord de la montgolfière. Moreno courut vers la nacelle et s'y accrocha avant qu'elle ne soit trop haute.

Sans hésiter, Maki lui mordit les doigts de toutes ses forces. Moreno se mit à hurler. Soula lui mordit l'autre main et il lâcha prise. Le ballon s'éleva dans les airs.

Dans la fosse où il était tombé, Moreno entendit un grognement provenant de la grotte.

– Amrok ? C'est toi ? geignit-il en se relevant.

Amrok le regardait bêtement du haut de la fosse, en remuant la queue et en bavant. Ce n'était pas lui qui avait grogné. Moreno devint tout blanc.

– Va chercher de l'aide, mon chien, vite ! bégaya-t-il.

Amrok ne bougea pas, encore hypnotisé. À côté de lui, un panneau indiquait : « Grotte de l'ours blanc géant – en hibernation, ne pas déranger ».

ÉPILOGUE

– Le voyage du retour dura des années et nos amis vécurent encore de nombreuses aventures. Mais ça, c'est une autre histoire, dit le vieux sage aux enfants du village. Quand ils arrivèrent enfin en Afrique, Maki et Soula dirent adieu à Malaterre, qui repartit en ballon jusqu'à Alexandrie. Les deux enfants avaient bien grandi, ils étaient devenus de jeunes adultes. Et surtout, ils étaient tombés amoureux l'un de l'autre.

Mais peut-être l'étaient-ils depuis le début... Autour du baobab, ils fondèrent un village, qui s'agrandit et s'agrandit encore, car ils eurent beaucoup d'enfants et leurs enfants eurent beaucoup d'enfants également. Dont vous tous, conclut-il.

Les enfants essayaient de retenir leurs larmes.

– Mais pourquoi êtes-vous tristes ?

– On a de la peine parce que Hassan est mort, répondirent-ils en reniflant.

– Mais mon histoire n'est pas encore terminée... La vie nous réserve parfois de jolies surprises.

Le vieux sage remit la figurine du bédouin debout.

– Au Jardin des Plantes, continua-t-il, Hassan finit par reprendre conscience. On le soigna et quand il fut guéri, il embarqua sur un bateau qui le mena en

Grèce, sur l'île de Bouboulina. Il resta vivre auprès de sa bien-aimée...

Les enfants retrouvèrent alors le sourire.

– Et Zarafa ? demandèrent-ils.

– Le zoo accueillit de nouveaux pensionnaires : un panda, une autruche et une girafe mâle, répondit le vieux sage en ajoutant leurs figurines sur le sol devant lui. Zarafa ne fut plus jamais seule. Et quelques mois plus tard...

Il sortit de son panier des petits girafons de bois et les posa près du couple de girafes.

– Allez, je dois vous laisser maintenant, dit-il en se relevant.

Le soleil déclinait. Le vieil homme s'éloigna d'un pas lent, laissant les enfants rêveurs autour du grand baobab.

Une des fillettes ramassa la figurine de Maki, l'observa, regarda le vieux sage, revint sur la petite statue de bois... et comprit.

– Dépêche-toi, on rentre, lui dit son grand frère.

– Il va où ? interrogea la petite fille.

– Maman prétend que chaque soir il quitte le village pour aller rejoindre de vieux amis...

Elle lança un dernier regard vers le vieux sage, dont la silhouette se fondait à présent dans le soleil couchant, et crut apercevoir à l'horizon, comme dans un rêve, un bédouin, un dromadaire, deux vaches, un bonhomme rondouillard avec des lunettes d'aviateur, une petite fille... et une girafe.

TABLE DES MATIÈRES

Le roman que tu viens de lire est une histoire en partie inventée. Certains éléments de ce conte sont authentiques.

* * *

Le 23 octobre 1826, une girafe est bien arrivée en France. Des voyageurs avaient déjà décrit cet animal, mais on croyait à une fable, comme pour la licorne. Quarante ans plus tôt, l'explorateur Levaillant avait rapporté une peau de girafe, mais peu de gens l'avaient vue empaillée. Imagine donc la surprise des premiers Français voyant surgir cette bête si grande, si élégante avec son pelage tacheté, si charmante avec ses grands yeux noirs aux longs cils, broutant paisiblement les jardinières au balcon des fenêtres françaises !

La véritable Zarafa ne s'appelait pas *Zarafa*. On l'appelait tout simplement *la girafe* (ou *giraffe* selon l'ancienne orthographe). Elle est capturée dans un désert, au sud de l'Égypte, dans le pays appelé aujourd'hui Soudan. Les chasseurs tuent sans doute la mère pour s'emparer du girafon, alors âgé de deux mois et demi.

Sa jeunesse pose un problème : le girafon n'est pas sevré, c'est-à-dire qu'il a toujours besoin de boire du lait. Mais comment faire sans la mère ? Tout simplement en la remplaçant par des nourrices ! On utilise sans doute d'abord des chamelles, puis des vaches. Trois vaches exactement, car la petite girafe a besoin d'environ 25 litres de lait par jour pour grandir en bonne santé.

❋ De l'Afrique à l'Europe ❋

Du désert, on transporte le girafon ligoté sur un chameau, puis dans une barque sur le Nil. Au Caire, il est présenté à l'homme le plus important d'Égypte, le pacha, qui décide de l'offrir à la France. En réalité, il n'y a pas qu'une girafe : les chasseurs ont rapporté deux girafons, peut-être des jumeaux (même si c'est assez rare chez les girafes). Le deuxième sera envoyé en Angleterre.

Au port d'Alexandrie, la future girafe de France, âgée de deux ans maintenant, embarque sur un bateau. Au pied du mât, on découpe une trappe dans le pont pour que son cou puisse émerger de la cale. On garnit les bords de boudins de paille afin qu'elle ne se blesse pas. Et pour sa tête, on installe un petit auvent servant à la fois de parapluie et de parasol. Elle n'a pas embarqué seule : elle est accompagnée de quatre chevaux, deux antilopes, deux ânes, quatre moutons, deux agneaux, sans oublier, bien sûr, les trois vaches nourricières. Une véritable arche de Noé !

Tous ces animaux seront bien soignés, car, au bout de trois semaines de traversée, ils arrivent sains et saufs au port de Marseille. Sauf une des vaches : elle a eu le mal de mer et son lait s'est tari.

* Le cadeau diplomatique *

À l'époque, il n'existe pas d'autre zoo en France que la Ménagerie du roi, installée dans les jardins du Muséum d'Histoire Naturelle de Paris. Pour enrichir cette collection vivante, le roi demande à ses ambassadeurs du monde entier de faciliter la venue d'animaux exotiques. Charles X est donc ravi de voir arriver la première girafe de France ! Comme elle marche avec grâce, se comporte avec dignité et semble fière de ses origines, il trouve peut-être qu'elle lui ressemble...

On dit qu'il n'y a pas de cadeau gratuit entre pays. Celui qui offre attend souvent un service de celui qui reçoit. Dans le cas de l'Égypte, il y a bien une raison à ce cadeau. Le pacha n'est pas maître dans son pays, il doit obéir à l'Empire ottoman, dirigé par la Turquie. Il est obligé d'envoyer une armée pour aider les Turcs à mater la révolte des Grecs, mais dans le même temps il offre des cadeaux aux puissances européennes pour éviter de se fâcher avec elles. Il sait que pour devenir un jour indépendant il aura besoin de leur soutien.

❉ Le séjour marseillais ❉

On imagine déjà la bousculade sur le port marseillais pour découvrir le cadeau du roi... En fait, cela ne s'est pas du tout passé comme ça ! La cargaison – hommes, animaux, marchandises – est débarquée, à l'écart de la foule, au lazaret. Cet endroit sinistre était une prison-hôpital, où l'on gardait les étrangers pendant quarante jours (la fameuse quarantaine) pour vérifier qu'ils n'étaient pas porteurs de maladies.

Ensuite, la décision est prise de garder la girafe jusqu'au printemps. On a peur qu'elle ne supporte pas les rigueurs de l'hiver français. Une immense écurie est construite dans la cour de la préfecture. Et un soir, discrètement, on y installe la girafe. Effrayés par la rumeur, certains habitants s'attendaient à découvrir un monstre géant. Les Marseillais sont effectivement très impressionnés, mais ils tombent vite sous le charme de la girafe. Sauf quelques Marseillaises, qui, en voyant sa longue langue noire, râpeuse et mobile, s'évanouissent : elles ont cru voir un serpent sortir de sa gueule !

À Marseille, des scientifiques l'étudient, des peintres la dessinent. Les gens importants sont conviés par madame la préfète à des dîners s'achevant par une visite à la girafe, à la lueur des flambeaux.

Bientôt, chacun peut l'admirer à loisir car le préfet, jugeant que la jeune girafe a besoin d'activité, décide de lui organiser des promenades dans la campagne. Elle sortira guidée par trois longes, retenues par trois palefreniers. Les conducteurs de charrettes et de diligences sont avertis par des affiches.

Un jour, la girafe est menée sur un terrain sablonneux. Reconnaît-elle son désert natal ? En quelques bonds, elle échappe à ses gardiens... Il faut le renfort de soldats pour la rattraper ! Une autre fois, un cheval panique à la vue de cette étrange cousine au long cou et provoque un accident de la circulation. Rien de grave, heureusement.

❋ La montée à Paris ❋

En avril 1827, un célèbre scientifique arrive à Marseille pour organiser la dernière partie du voyage.

Étienne Geoffroy Saint-Hilaire est l'un des professeurs du Muséum, spécialiste des animaux. Dans sa jeunesse, il a participé à la campagne d'Égypte de Napoléon; là-bas, il a sûrement vu des girafes vivantes. Il est donc l'homme idéal pour mener cette mission délicate. Rassuré de trouver le cadeau royal en excellente santé, il décide de la ramener à pied jusqu'à Paris. Prévoyant, il lui fait tailler un long ciré contre la pluie.

Le voyage durera quarante et un jours et ne sera pas de tout repos, pour la girafe et ses accompagnateurs. Il faut tous les jours prévoir sa nourriture (moins de lait et plus de graines), tous les soirs trouver une écurie suffisamment haute et tout le temps calmer l'impatience des curieux, de plus en plus nombreux.

En chemin, la girafe marche sur un clou mais, il est retiré sans provoquer d'infection.

À son arrivée à Lyon, elle est effrayée par un cheval et déclenche une immense bousculade.

Geoffroy Saint-Hilaire, la trouvant fatiguée (autant que lui !), propose de la mettre sur une péniche, mais il ne recevra jamais l'autorisation du ministre de l'Intérieur.

Enfin, le 30 juin 1827, la girafe entre à Paris et s'installe à la Rotonde, dans la ménagerie du Muséum. Mais le 9 juillet, Geoffroy Saint-Hilaire doit repartir pour Saint-Cloud présenter son cadeau au roi. Charmante et diplomate, la girafe accepte de brouter des pétales de rose dans les mains de Charles X et de recevoir sur ses cornes une couronne de fleurs offerte par la belle-fille du roi, la duchesse de Berry.

Avant que la girafe ne quitte l'Égypte, le pacha avait mis autour de son cou un talisman, censé la protéger du mauvais sort. Qu'on y croie ou pas, on peut constater qu'elle a bien résisté à son incroyable voyage !

❃ La mode « à la girafe » ❃

Désormais, la girafomania bat son plein. Vaisselle, meubles, jouets, pâtisseries, tissu, vêtements, coiffures – tout est « à la girafe » ! Savants, journalistes, hommes politiques, artistes, commerçants – tous s'intéressent à elle ! Elle relance le débat sur la mystérieuse origine des espèces. Pourquoi une bête aussi étrange existe-t-elle ? On s'en sert pour critiquer la politique du roi. Et le public ne s'en lasse pas : 600 000 visiteurs viennent la voir en six mois.

Pourtant, en 1830, quand le roi est chassé de son trône, on oublie la girafe. Elle n'aura pas de girafon, n'ayant jamais connu de girafe mâle. Des vaches indiennes lui tiennent chaud dans son étable. En 1839, elle aura la compagnie d'une autre girafe femelle. Et, en 1845, à l'âge honorable de 21 ans, la première girafe de France meurt de vieillesse.

Aujourd'hui, on peut toujours la voir, sous sa forme empaillée, l'œil luisant et la tête bien haute, au Muséum de La Rochelle. Elle y est bichonnée, régulièrement restaurée depuis plus de cent quatre-vingt ans ans. Nous lui devons bien ça, non ?

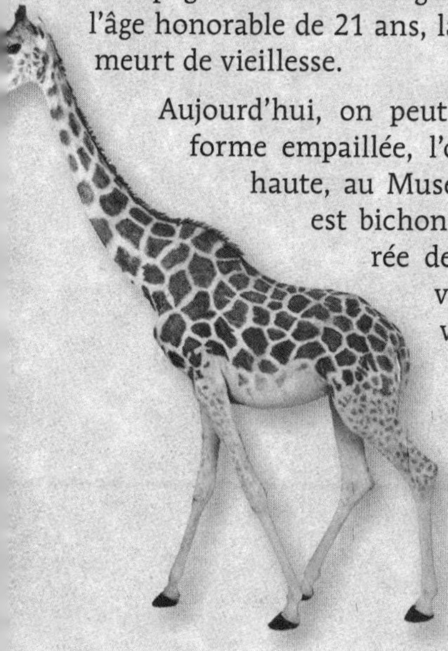

Olivier Lebleu,
écrivain-historien.
Auteur de *Les Avatars de Zarafa – Première girafe de France – Chronique d'une girafomania : 1826-1845* (Arléa, 2006).

Crédits photographiques :

p. 88 : Orbigny (d'), *Dictionnaire universel d'histoire naturelle*
© Muséum La Rochelle / Lézard Graphique
p. 89 : Arabes chassant la girafe © Coll. Aynaud
p. 90 : Girafes et deux cornacs © Coll. Aynaud
p. 91 : Almanach 1830 à la Girafe © Coll. Aynaud
p. 92 : *La Bête au Bois dormant* © Coll. Aynaud
p. 93 : *Visite à la Giraffe* © Coll. Aynaud
p. 94 : Cuvier, F., *Dictionnaire des Sciences Naturelles*, 1818-1829
© Muséum La Rochelle / Lézard Graphique
p. 95 : - Saladier, fabrique St-Paul © Coll. B. Faÿ
- Girafe naturalisée © Muséum La Rochelle / Lézard Graphique

D'après *Zarafa*, un film de Rémi Bezançon et Jean-Christophe Lie

ISBN : 978-2-09-253645-2
N° éditeur : 10179528 - Dépôt légal janvier 2012
Imprimé en France par Pollina - L59058